JN409878

뒤란에 서다

김홍표 시집

북랜드

김홍표 시집

뒤란에 서다

인쇄| 2007년 5월 25일
발행| 2007년 5월 30일

글쓴이|김홍표
펴낸이|장호병
펴낸곳|북랜드
110-999 서울 종로구 신문로1가 오피시아 1406호
대표전화 (02) 732-4574 | (053) 252-9114
팩시밀리 (02) 734-4574 | (053) 252-9334

등록일| 1999년 11월 11일
등록번호| 제13-615호
홈페이지| www.bookland.co.kr
이-메일| bookland@hanmail.net

편집주간| 곽홍렬
책임편집| 김인옥
영 업| 최성진

ISBN 978-89-7787-436-7 03810

값 7,000 원

뒤란에 서다

서문에 대신하여

햇살이 봄을 밀어낸 자리에 신록의 그림자가 세상을 덮어 버렸습니다.

산과 들이 분주하고 산들바람이 강물에 어립니다.

어느 골짜기에서 시작되었을 작은 물길이 어느 새 강물이 되어 흐릅니다.

제 세월의 강에도 아이는 보이지 않고 낯선 나그네의 愁心만 깊어갑니다.

흐르는 강물에 제 세월의 강을 맞대어 온갖 想念을 씻어내고 싶지만 강가에 이르면 말문이 닫혀 버립니다.

발목이라도 담고 싶지만 물이 아직 차갑습니다.

어쩔 수 없습니다. 짙은 녹음에라도 제 부끄러움을 숨겨야겠습니다.

두 번째 詩集을 냅니다.

아쉽고 어설프고 엉성하지만 흐르는 물이어야 바위를 다듬겠지요.

가족의 성원과 주변의 격려도 용기가 되었습니다.

詩를 쓴다는 것은 깊은 외로움의 자기 고백과도 같습니다.

詩作을 통해 새싹을 내기 위해 제 살을 찢는 나무의 고통을 조금씩 이해해 갑니다.

또 한 걸음 가 보렵니다.

출판을 허락하신 장호병 님, 교정과 편집을 도와주신 곽홍렬 · 김인옥 님을 비롯한 모든 북랜드 가족께 고마움을 전합니다.

2007년 푸른 달, 남한강에서

차례

❸

1

이슬

이른 아침
풀잎 끝에 조로롱
하늘 하나
해 하나
수줍음 하나 달고

밤새
영혼을 담아 낸
단 한 방울

쌩긋
눈인사 하는
햇살에 사라진
여래의 자취
염화의 미소

작은 샘

어미 소 누운
산마루에
물바가지는 동동
댕기머리 누나의
방망이는 두런두런

도랑 타고
실개천을 달리다
할아버지 헛기침소리에
듬성한 세월만큼
잠이 들었다

시월의 달빛
길어다가
누나 물항아리
배불리 먹이던
작은 샘

봄비 오는 날

솔바람에
내 마음
새싹 돋을까
해살 쬔 가슴에
꽃이 필까
마른 땅 어르는
봄노래를
3절까지 모두
불렀습니다
속옷까지 흠뻑
젖었습니다

어머니

잠든 오솔길
별은 내리고, 어머니
하늘에 호롱불 걸어두고서
무슨 기도를 드리셨나요

북풍에 옷섶 여며
버선 걸음 걸으실 제
낡은 치맛자락이
밟혔습니다

작은 가슴에
무에 그리도 한이 많아
붉은 행주치마
입으셨나요

달 지거든, 어머니
지아비의 사랑 잊고
샘물 길러 가자구요

사랑

사랑은
하늘을 받듦

맑은 혼이
드리는 기도

기쁨에 겨워 자꾸
흐르는 눈물

바람 없는 날
고요한 마음에 이는
가녀린 떨림

사랑은
미친 자들의 행복

오늘 그리고 내일

아침 햇살의
웃음소리로 살래

한낮의 수풀이
뜨거운 그늘에 지치면
살포시 토닥여 주는
바람이고 싶어

노을이 내리면
창에는 샛별을 달고
달빛 자리를 깔게

깊은 고요함으로
너를 꿈꾸고 싶어

2월에는

明月은 玄玄한데
絃琴이 홀로 흐느끼네
사무침에 저며 우는
옥색 버선코
꽃가마 더디 오시네

사립문 밖 오동나무에
아이들 웃음소리 걸리면
행여 징검여울 건너실까
동문에 눈이 가도
옷자락이 멀기만 하네

그렇게 더디 오시나
雪花水에 어리는 임
설레는 가슴 나 몰라
달빛 홀로 기우니
설워 우는 2월이다

딸에게 (1)

딸아, 너는
창문에 걸터앉은 아침
싱그러운 여유와
휘파람새의 가슴에
마구 피어나는 정열이다

오색풍선을 두둥실
태산보다 높이 띄워라

너에게 생명의 축복이
내겐 사랑만 안겨 다오
하얗게 부서지는
햇살의 웃음처럼

딸에게 (2)

딸아,
봄날의 불안에
설익은 꿈들은
쉴 새 없이
소란하고

가끔은
산을 오르다 걸터앉은
어느 오두막집 마루에서
가만히 한숨 나더라도

가라 흐르는 강물처럼
오늘 걷는 방황과
어제 흘리던 눈물은 다만
너의 내일의 꿈이다

엄마의 팔월

녹음이 숲에서 검둥
논밭은 쨍쨍한 파도 위에 첨벙
굽은 등마다 너무 따가워
담뱃잎 따는 우리 엄마
땀띠 돋았네

하늘에선 불이 훨훨
늘어진 젖가슴을 다 태우고
받이랑 어디메쯤 엄마 얼굴
까맣게 숯물 들었네

거북손 매듭마다 쌓인 흙냄새
이제는 못 쓰게 된 호미질
엄마의 팔월

그 해 여름밤

반딧불 하나 둘
별이 되려고 사락사락
살찌는 들녘에서 피어나면
철둑길 따라 흐르는 봇물에
개구리 한바탕 울어댔지

코끝에 실리는 오이꽃 향
머리 푼 연기만 너울너울

담 밑에 함박꽃 함박웃음
박꽃은 달빛에 수줍은데
덕석에 누운 누나의 꿈은
오붓한 가슴에 소록소록
무섭던 아버지도 정다웠지

엄마의 몸에선 흙냄새가
뒤뜰에 돋아나는 감꽃 향기
단 수수 잎사귀 사각사각
힘없이 부채마저 잠이 들면
시름시름 여위는 모깃불
어머니 무릎에 잠든 동생은

봇물에 첨벙첨벙 뛰어드나 봐

처녀들 노랫소리 잦아들면
달은 새벽으로 기울어
풀벌레 찌르르르 코 고는 소리
뱃속에선 쪼르르르 시냇물 소리
아버지 엄마는 단잠이나 드셨을까?
긴 긴 여름밤 쓰르르르
아득한 가슴에 사무쳐라

설야雪野

하얀 솜으로
이불을 지었지

마른 걸음에 눈웃음치며
가난한 나무에도
소록소록 솜옷 건네며
눈부신 꽃길로 달려왔지

천상의 나팔소리 들리면
동화책 속의 공주는
눈물보다 가벼운 미소로
발에 키스했지

편편翩翩히 날리는 그리움
저 흐릿한 애절함에
들판은 하얗게 멍울졌지

그리움

거미는
그물을 치고
먹구름 비껴나는
저녁 하늘에
풀잎조차
고요한데
문 가를 서성이다
이 생각 저 생각
나도 몰래
찾아간
꿈속

해바라기

간밤에 그림자
무심히 흔들리고
별비에 젖은 눈망울에
이슬이 맺혔네

하늘밑 담장 너머로
행여 오실까
길어지는 목에 노랑 스카프
갈바람의 은근한 유혹쯤이야
霜露에 야위는 몸쯤이야

달빛은 시드는데
밤을 쥐어뜯는 당신은
가을의 情人인가

가을비

가을비는
하나 둘
추억 부스러기를 줍는다

고독한 밤마다
모래시계의 초침소리

가을비는
메마른 가슴에
그리운 이름을 쓴다

헤어진 시간만큼
깊어진 멍울
가을이 쓰러진다

가을이 깊으면

하늘을 보세요
파란 저 막막함은
시인의 가슴입니다

오솔길을 걸으세요
山寺의 향은 타들고
소슬한 길 위로
비구니의 讀經소리
들릴 겁니다

베틀을 거세요
한 올 한 올 세월을 엮어
만산홍엽 자리에 누우면
죽어도 행복입니다

그러다 가을이 깊으면
숲속으로 가세요
빈 둥지에 쌓이는 이별
홀로 우는 숲에 서면
그때서야
가을이 깊어가지요

설화雪花

호젓한 길
함께 걸었지

타는 가슴에
이는 꽃사태

밤은 깊은데
길은 멈추고

잊지 말자던
하얀 속삭임

그 밤
사랑이었지

봄비

메마른 어깨
감싸러 오네
깊어진 눈
입맞춤하러

오랜 기다림
고독한 목숨에
나지막이
부르는 소리

낡은 옷을
地藏에 두고
無垢한 여인의
새 옷 나들이

영혼의 씻김굿
봄비가 오네

내 가슴에는

달려오는 마파람
홀로 안고 힘들어 하는
얼굴 하나 있지

무덤가에 듬성듬성 돋은 삐삐
기적소리 길어지는 오후
아지랑이 같은 아이들 있지

봄볕 따라 꿈꾸듯
아버지 허리 같은 고갯길
어머니 봇짐 같은 언덕

소 울음 젖어들면
흙살에 녹아들던
얼굴 하나 있지

아시나요

밤새
싸늘한 별빛
수놓아진 창 너머로
자작나무 숲이 흔들렸지요
무단한 가랑잎만
서럽게 졌습니다

앙상한 가지에
바람은 소리쳐 오고
아득한 저편
그토록 헤맨 숲에선
片鱗만 나부껴
그대 창가엔
서리서리 내렸습니다

행여나

임일까? 귀 기울이면
대나무 우는 소리뿐

거길까? 숲속에 들어서면
풀벌레 잠든 숨소리뿐

觀音의 그윽한 눈매로
두 손 모아 우러르면
하늘엔 달빛 한 점

길은 아득한데
冬天에 나부끼는 깃발

임일까? 바라보면
갈잎 상처들의 몸부림뿐

소낙비

시집살이 삼 년에
우는 누이
서럽게도 밤새
토해 내더라

무너지는 억장
한바탕 참고 참은
꿈이었을까
한숨이었을까

언뜻
어설픈 웃음 뒤로
미치도록 그리움
지우며 가더라

달마중

아이야 무등 가자
아빠 무동을 타고
무등에 달이 떠오르면
장대를 들어라
너울걸음 걸어서
고불고불 길을 따라
마디마디 어우러져
달래달래 진달래 물고
호로롱호로롱 물소리
은빛여울을 따라
두둥실 덩실
무등에 달이 떠오르면
장대 끝으로 힘껏
깨금발로 힘껏
아이야 무등 가자
아빠 무동을 타고

봄봄

시냇물 맑아
산 마음
빛소리 밝아
봄 햇살
묵은 머리
시린 발
차고 맑은
물에 담가
바람은
꽃 웃고
고개를 넘는다
옛 가지에
새순 올라
몸은 잊었네
꽃잎 떨어진
자리에
꿈아 열려라

지는 꽃

너는 낡은 신념을
슬며시 놓아버렸다
나뒹구는 향기는
쓸쓸한 눈길과
무심한 발길에 채이고
나비의 진한 입맞춤도
너의 의지를 꺾지 못했다
날개도 없이
허공을 날아오르는
너의 용기가 부럽지만
밤새 내린 비에
접동새는 날개를 접고
땅에서는 너의 벗들이
울고 있었다
한때 너를 안아주던
맑은 하늘이
괜스레 그리웠다

권주가勸酒歌

마시자 風塵에 썩은 세상
넘실넘실 잔에 가득 채워
벗어버린 나뭇가지 위로
으하하하 바람이 지나노라
온 산에 타는 듯 붉은 단풍
개울물 소리는 조롱조롱

마시자 淸風에 비낀 明月
넘실넘실 잔에 베어내어
다정도 깊으면 병이 들고
衰落한 萬壽는 무엇하리
어화 벗님네야
수미산 자락에 꽃잎 진다

마시자 뜨거운 입술이여
넘실넘실 잔을 가득 채워
허위와 가식을 벗어버리고
영혼의 자유를 누리자꾸나
어차피 왔다가 가는 인생
꽃이 지듯 세월도 간다

춘희椿嬉

1

한바탕 구름이려니
기쁜 꿈도 허무다
꽃이 진 자리에
너도나도 쌓는 발자국
생명이 타는 동안 차라리
술잔을 들자

홀로 걷는 길은
두려운 사막
무엇으로 살 것인가
이름 없는 풀에
앉았다 가는 나비처럼 훨훨
흔적 없어라

2

당신에게
말하진 않았지만
밤새 파도가 일었소

바다를 그리워하는 나
어이하겠소

내 마음에
몰래 뿌려진 불씨
영혼을 활활 태우는데
가련한 몸이구려

3

내 목숨 내 영혼
이 모두가 꿈이라면?

꿈이라니?
그대 숨결에 뛰노는 심장
당신의 미소에 흐뭇한 영혼
그대 눈물에 찢어진 마음
지평선에 걸렸잖아

여보게

보았는가
그물에 갇힌 바람을
들었는가
잔에 담긴 하늘을

도시로 바다로
잃어버린 불을 찾아
하늘을 삼켜 버린
고기들이 웃네

들었는가
웃는 도시의 숲을
보았는가
우는 바다의 춤을

놓아 주게나
발가벗은 몸 하나면
족하지 않은가

소나무

바람서리에 누워
고단한 삶을 쉬노라면
어린 별들이 내려와
기지개를 켠다

삭풍은 살갗을 할퀴고
등은 업장에 구부려져도
한 가닥 지키려 함이여
雪寒의 斷崖를 타고 오르는
아직 푸른 바람에
옛 이름을 부른다

어린 객이여, 비웃지 마라
늙은 몸 타는 향은
다시 천년을 나련다

산문山門 밖에서

한낮의 숲
默言修行하는
소나무 가지에서
철없는 새들이 다툰다

바람은 귀를 세우고
게으른 길 떠나며
觀音法問 듣는 한나절
법당 밑에서 땀 흘리는 기둥
하늘에 몸을 내어준 지붕
妄想이여 煩惱여

비워라 저녁공양을
山門 밖 홀로 남은 客
가슴에 남은 한 마디
초하루 그늘이 짙다

어느 날 오후

시름시름 앓는 소리에
꽃무늬 커튼을 화들짝 열고
초록 물감 번지는
자잘한 소동을 바라보았다
나는 옛 골목길을 달렸다
기억의 갈피에서
잠 못 드는 나비 한 마리
썰물이 물러간 자리에
드러나는 수많은 구멍을
빗물에 씻어 보지만
어쩔 수 없는 밀물의 족쇄에
봄이 다시 묻혔다
시름시름 비가 내려
나의 낮잠을 깨웠다

벌거숭이

몸에
돋아난 비늘이 부끄러워
자신 없습니다

명멸해 간 별
어디 흔적 없습니다만

남은 이력은
밑동 드러난 나무 한 그루

그나마 허리 굽어
차마 부끄럽습니다

장맛비

퍼부으세요 차라리
부러진 6월의 아우성 위로
목은 타들고 몸은 죽어
강물에 버려진 사랑처럼

멍에가 무겁네요
그대 가슴 무수히 더듬어
부드러운 속살에
쑥부쟁이 꽃을 피울래요

시퍼런 날빛 들고
방울소리 들리는
들판으로 달려가 나는
당신의 살煞을 씻는
마지막 무당이 될래요

섬[島]

살다가 어느 날
가슴이 뻐근하거든, 오라
한 점 쉼표 같은 섬으로

외로운 영혼의 葛皮
하룻밤 받아 줄 여유조차 없으리

비바람에 돛은 찢기고
별들이 살을 잘게 쪼아도
너를 뼈에 새기마

오늘도
거북은 모래밭을 오른다

오라,
한 점 쉼표 같은 섬으로

타향

저기 길이 있네
나 걸어갈

바람이 불면 눕다가
별이 지면 한숨 쉬며
지친 다리의 휴식과
속절없이 일어서는 밤
어둠을 덮고
푹신한 풀밭에 잠든다
걸어온 길 저 너머로
도회지의 불빛
어쩔 수 없는 아쉬움
날마다 나누는 작별
눈을 감아야지

아득한 저곳
나를 걷게 한 임 찾아

로사리오

아베 마리아
당신은 나를 떠밀지만
잠든 머리를 깨우며
버림받은 그대로
말없이 서둘러 가라지만
아직 풀꽃의 이름을
짓지 못했습니다

잠들게 하소서
요람의 아이처럼
붙잡아 주소서 시든 꽃들을
걸어온 발자국을 지우며
세월을 잊은 채로
저 산 너머 소식은
못 들은 채로

우는 새에게 미소를
풀꽃의 이름을 부르며
자궁의 아이처럼
소녀의 고백처럼
나 살아있음을
알게 하소서
아베 마리아

갈림길에서

어디로 갈까
묻지 마
늘 선택은 고통
그저 하늘만 봐

천리 넘어
꽃밭의 자잘한 웃음
가시밭의 절규
자갈길의 한숨
물길엔 물
산길엔 산
고통 없는 길이
어디 있으랴

주저앉지 마
독사처럼 마음 다지고
영웅처럼 가
너의 길을 가

별꽃

가슴에 일구던
꽃밭 하나
저 멀리
하늘에 가득 피어
올려다보지 못한 세월만큼
내게서 멀어져 갔구나
그냥 두련다
다가가지도 않고
욕심내지도 않고
그러면 너는 맘껏
피어나겠지

갈증渴症

물을 다오
가슴이 타오
하늘이 아득하오

깊은 샘물 흐르는
신화의 끝
천년의 형벌에
가물어 가는 목
쨍한 하늘 바라보며
어쩌다 한 모금

어디요
流刑의 끝은
몸은 타는데

가을 하늘

티끌 하나 담지 않은
저 지독한 청결
도도한 허공
어쩌란 말인가

뉘우침은
붉게 타는데
雲雨마저 버리는
저 無慾의 만용

설움은
단풍드는데 어쩌자고
너는 높아가는가

동행同行

천둥 치듯
마음에 타는 불
속절없이
그대를 만나
나서는 길에

버드나무 그늘
매미는 떠들고
불가마엔 사막이
끓고 있었다

가리라
두 손 맞잡고
생을 차지하러

뒤란에 서다

건들바람 불어와
철없던 꿈들이 날고
아버지 손때 묻은 삽자루에
어느새 날이 저무네

하늘엔 별들이 총총
달빛은 감꽃에 취하는 밤
짧은 盟誓는
낡은 일기장에 잠들었나

또다시 꿈을 꿀까
뒤란에 서면
낯설음이 밀려오네

나는 바람이다

모두가 잠이 들면
나는 마지막 바람이 되어
무녀의 방울을 흔들리라
겨울의 死靈에 입맞춤하며
시퍼런 경계를 걸으리라

화려한 집을 부수고
백골을 찾아 어지러이
묘지를 헤매던 봄날의
환상에서 깨어나
풀밭을 달리리라

깔깔대는 민들레의 웃음에
까닭 없이 분노가 일면
달음박질을 멈추고
물때 번질대는
호수 바닥을 닦으리라

이부자리를 깔아 다오
겨울이 오기 전
가슴에 담지 못한
또 다른 낮을 꿈꾸며
고른 숨을 쉬리라

낡은 달력

가끔 하늘도 운다
여위어 가는
숫자의 무덤을 보며
빈 가슴으로 하얗게 운다

새 몇 마리 날아든다
사월의 무덤에서
새가 운다

곡哭 그치자 갈망했던
꽃다발을 바치며
가끔 땅도 웃는다

하나씩 지워지는 아픔
아쉬움을 탓하기엔
숫자들의 무덤이 깊다

어부의 노래

마가목 껍질로 배 만들고
옷은 벗어 바람을 안고
머리는 풀어 물살을 만든다
덧없는 한 점
생의 중심에 섰다

빈 배에 실리는 햇빛
바람이 함부로 휘젓고
익은 노을을 낚았다
고기떼는 그물을 탓하지만
바다는 시를 쓴다

돛이 부푼다
장작불 타는 어느 섬
파도는 사랑을 하고
난 아직 시를 끝내지 못했다
재갈매기 머리 위에 날고
다시 그물을 던진다

바람[風]

배고프다
배고프다
쉼 없이 마셔도
기어이 허망한 것
늘 빈손으로
채우지 못하는
한 줌

아침에는
꽃물 드는 언덕으로
여울의 동무로
밤중에야
손 내밀면 그제사
웃음 짓는
한 줌

무심無心

저 하늘
뭉실 떠 있는 구름은
이름 없는
시인의 고뇌다
무슨 일로 왔다가
어디로 가는지 아무도
묻지 않았다
나뭇가지 붙들고
거칠어진 마디를 매만진다
남은 날들 위해
무엇 하나
서러움이 있을까
가는 길에
늘어진 목숨들
질긴 인연을
놓지 않았다

눈[雪]

하늘의 여인
당신이 내게
안기다

만나고 이별하고
격정으로 탄성으로
싱겁게 아늑하게
이리저리
바람을 놀다

금방 사라질
당신과 나의
性愛다

지금 바로 그 때

개구리가 운다
비구름이 몰려온다
아이들아, 지렁이 지난 자리에
무지개를 그려라

목련꽃 멍울 같은
희디흰 상처들아
꽃을 찾지 마라
내가 원하는 것은
오직 한 알의 씨앗이니

비늘을 잃어버린
물고기의 눈물에
애절한 가슴에 씨를 뿌려라
오직 어우러져 살기를

귓불 간지러운 지금은
冬眠을 벗고 씨 뿌릴
바로 그 때이어라

남도의 봄

붉은 두견의 눈물
진달래 꽃잎에 지고
찢긴 태극기는
어린 아이의 겁먹은
눈망울에서 울었다

먼지처럼 이는 황톳길
소스라치게 뿌려지던 꽃
눈부신 젖가슴에
묘비를 세운다

5월의 아이가
뜬눈으로 지샌 소름
목 놓아 부르던 어머니
터져 버린 꽃눈의 아픔
놓쳐 버린 메아리 위로
더디게
꽃비 다 내린 후에야
봄은 온다

새날의 아침

닭들아 울어라
어둡던 머리를 풀고
통곡의 겨울을 지나
해오름과 해거름이
부지런한 땅에
백두의 산하 여울의 합창
꽃물 든 봄이어야 한다
아무리 끊으려 해도
철조망 따위야 대수냐
단절의 섬 다리가 되어
맥이여 혼이여
고요한 아침이 온다
이 고을 저 산등성 너머로
닭의 피울음 퍼져
기어코 되살아나리니
설움의 강가
부러진 갈대인들 어떠냐
無等으로 가자
아침 맞으러 가자

꼭두각시

벼슬 붉은 닭 모가지를
도마 위에 올린다

자본론의 표지는 낡은데
帝國의 섬뜩한 칼날
넋 잃은 몸뚱이를
멈춰선 진창의 수레를
뒤늦은 통곡, 어찌하랴
빌딩엔 유리창이 없고
새들은 날지를 못한다

亂場에 몰려든 승패와 生滅
에라, 판을 치워라
에라, 喪失의 연극은 멈춰라

모가지 비트는 소리
칼 가는 소리

가라사대

하늘이 가라사대

살아도 죽은 놈
시들고 메마르고
돌처럼 굳고 가시 돋고
여름의 머리에 가슴은 겨울
눈이 감기고 귀는 막혀
11월의 가랑잎처럼
불붙기 좋은 놈들을 모두
게헨나Gehenna에 가두어라

땅이 가라사대

밤낮없이 짖어대는 개
어둔 동굴로 도망친 자들을
멀리하라
죽은 자는 죽게 하고
다만 산 자를 살게 하라
다만 쇠를 녹여 솥을 걸고
똥물을 끓여라

하늘땅이 가라사대

탓하지 마라
죽은 그림자를 도려내려
애쓰지 마라
시궁창에서 피는 꽃
두려워 말고 씨를 뿌려라

이는 태초의 말씀이다

길목에서

배추벌레 번데기 집에는
겨울이 머뭇거렸다
차고 매운 냄새 나던 길목
허기진 어린아이의 종이지붕에는
가도 가도 겨울뿐이었다
한숨이 골목길에 서성이고
거친 손마디에 쥐어지던 적막
주리던 배꼽에 오래 머물렀다
꽃상여는 거리에서 멈추고
3월을 다 걸어가도
길이 보이지 않는 막다른 길
그 해 정녕 봄은 왔던가
배추벌레 번데기 집에도
복장 터질 그 놈의 봄이

회귀回歸

모두 제자리로
땅은 생명으로
생명을 감싸는 하늘로
입맞춤하는 끈으로
달콤함으로
꺼지지 않는 불꽃으로

모두 제자리로
산은 억센 팔로
계곡은 자애로운 그늘로
바람은 구름에 앉아
서로의 어깨를 토닥이며
살아 있는 대로 죽은 대로
높거나 낮거나

모두 제자리로
자기다움으로

눈을 뜨면

눈을 뜨면
쪽빛 하늘이
살 에이는 겨울 그믐밤
은하수 건너는 돛배가
볏짚 타는 보름달도
터질 듯 부풀어
한 가슴에 안기어 온다

눈을 뜨면
산허리 감도는 안개
바위 틈새 물이끼도
풀잎의 가녀린 몸짓도
들짐승 산짐승 날짐승
더불어 생생히
온 가슴에 쏟아져 온다

눈 뜨지 못한 가슴에
깃드는 한숨
등 돌린 시간은 얼어붙어
봄은 머뭇머뭇

우리들 아픈 기억만
몸속에서 이리저리
깊어 가는 상처이리니
우리 두 눈
마저 뜨자

투견

눈물을 닦아라
번뜩이는 殺氣로
바늘 같은 갈기를 세워
마음에 이는 불쾌에
발톱을 갈아라

패배자의 변명은 죽음
두 다리 굳게 땅에 딛고
무쇠 어깨로 밀어붙여라
웃을 날을 위해
깊게 목을 물어 숨통을 끊고
심장에 비수를 꽂아라
무자비의 자비로
물러섬 없는 나아감으로

물어뜯어라
오늘 너의 마지막이다

K씨의 저녁

오늘도
엽록소의 수고가 헛되이
절망하는 나무 밑
빼앗긴 자리에
포장마차는 진을 치고
K씨는 벌건 저녁을 마신다

독수리 발톱은
헛배 부른 항아리를 움켜쥐고
눈꺼풀은 주름이 졌나

도시의 늦은 거리에
우울한 꽃들이 피어나면
익숙해진 노래가 출렁인다

기운 건물들 사이로
잃어버린 땀과
고독한 담배가 뒤섞여
고름이 고인 바닥에
K씨는 담배를 턴다
도시가 취하고 있다

이제는 만나자

저 질긴 단절을 넘어
바람은 주저함이 없고
하늘은 마저 푸르고
달빛은 고루 은은한데
진달래는 어이해 홀로
산천을 저리 붉게 물들이나
반세기의 잔인함이여
갈라서면 홀로 서지 못함을
뼈저린 시절에 알았더라면
갈라서면 죽어도 죽지 못함을
사무친 시절에 느꼈더라면
바람에라도 구름에라도
피눈물에 절인 소원이야
유장한 강물로 흘렀을 것을
죽어서 이 강토 흙이 되고
강산에 진달래로 피어
다투어 유채꽃이 되어
오늘이야 옛이야기로 듣는다면
그리워 더욱 그리운 사람아

이제는 만나자, 이제는
홀로 서지 못함을
부끄러워하자

허수아비

큰 칼 들고 여럿이
덤벼드는데
넉살좋게 웃고만 있네
네놈은 너울너울 풀어헤친
옷고름에 걸쳐진 죽은 뼈로군
양팔은 갑오년에 부러지고
힘줄은 메말라
가슴 할퀸 무덤마다
찬 서리가 내려도
히죽히죽 웃는 놈이라니
바보야, 성근 대 싹둑 잘라내
피리 울음을 토해 보라
네놈이라고 성깔 없을까
잡새 깝죽거리니
네놈 가슴만 썩네

우리 사는 한

그대여!
죽은 역사의 경계를 넘어
흔들리는 불꽃인들 어떠냐
벌집의 소음을 벗어나
맑은 영혼의 눈으로
고난의 젖을 물리던
어머니의 눈물을 보라
거리에 이는 먼지
들판을 휘몰아치는 바람
힘없이 무너지는
일그러진 영웅을 보라
고독한 자는 어둠속을 걷고
풍랑에 놓인 돛배는
위태롭지 않았던가
부서질 몸 흩어질 혼이라도
기꺼이 마주하던 넋들을
또다시 외롭게 보내지 말자
이 땅에 우리 사는 한
패배 같은 길을 걷자

겨울의 칼

모차르트의 겨울이다
건반을 달리는 반도의 鬼哭聲
대륙은 동해로 밀려들고
찢어진 옷 새로 찬바람이 든다

먹이를 찾는 시퍼런 눈은
브라운관에서 깜빡이고
흐를 수 없는 강물에도
기력 잃은 하늘에도
추위에 떨며 버려지던 분노

날카로운 서릿발이 날아든다
운명을 훔치는 도둑들
칼은 심장을 노리고
서릿발에 묻힌 음모여
신의 편에 선 오만이여
고통의 끈을 짧게 하라
소리 없이 다가선 사무라이
심장은 두려움에 떨고 있다
그래, 이미 늦었을지도

봄을 질투하는 입술아
개 앞에 무릎을 꿇는 놈들아
내 피로 술을 빚어
겨울의 가면파티를 축하하라
그대, 겨울의 칼이여
잊지 마라, 모차르트의 겨울을
들불처럼 부르던 노래를

흔적

떠나고 있었다
한 번 휘젓더니
추스르지도 못한 채
순결 잃은 여인이 되어
멀리 가고 있었다
그렇게 가는 것을
모른 채 가을을 산다
너일까
아이의 뒷모습 달고
돌아오는 길에
비가 내리고 있었다
웃는 줄 알았지만
구슬피 너는
울고 있었다

나의 연인

당신은
훈풍에 반짝이는
초여름의 설레임
살풋한 미소는
푸르른 들판을 애무하는
눈부신 햇살

눈동자의 보석과
입가에 머금은 향기는
꽃이 되고 전설이 되고
만겁의 인연으로
어머니의 땅에
마침내 띄우는 환희

내 사랑이여
봄의 나른한 행복
한여름의 뜨거운 입맞춤
가을을 애무하는 산들바람아
그대 없는 난
겨울의 허수아비다

내 사랑은

당신 몰래
피어나
부르지 않으셔도
다가갈게요

고요한
순록의 눈에
달빛 잠기면
창문을
열어 놓을게요

당신 걷는 길마다
애절히 피어
그냥 지나셔도
울지 않을게요

그림자

닳고 닳은 오솔길 거슬러 오르자 언덕에 빈 의자만 앉아 있었다 한 떼의 기러기 지나간 하늘에 길을 물었으나 아무도 입을 열지 않고 어디에 남았을까 이 몸의 상처들은 익숙했던 꽃밭의 나비도 하굣길 등지던 노을도 어느 날 낯이 설었다 단 한 번이라도 그래 넌 내 동행이야 말하고 싶었지만 끝내 못하고 일어서면 낙엽은 가을을 알리고 있었다 주섬주섬 오늘을 챙기는 밤이 오자 바람은 내 그림자를 지우고 있었다

하느님께

하느님
사람이 정말 희망입니까
꽃보다 정말 아름답습니까
아무런 희망을 품어 보지 못한
저 낮은 이끼도 목숨입니까
아무런 향기도 나지 않습니다
어찌합니까
감각을 잃어버린 죄를
사람 아래의 사람 또 그 아래
풀꽃보다 못한 하찮은 목숨

하느님
그래도 희망이라면
설렘으로 살게 하소서
거친 바람이 부는 바다에
작은 배를 내어 주소서
어느 이름 모를 섬으로
풍랑에 떠밀려
모래밭에 나뒹구는

비린내 밴 조각 되어도
어느 겨울 모닥불 되어
타오를 수 있다면

여주 팔경驪州 八景

신륵사 法鼓 소리
물안개에 젖어드네
강물은 유유하되 옛 임은 어디 가고
조포 나루터 무성한 저 갈대밭에
빈 둥지만 홀로 외로워라

노승의 法問은 산사에 푸르건만
번뇌는 처마의 단청보다 붉고나
뱃머리에 부서지던 노랫소리는
옛이야기로 남았는가

봉미산 기슭에 모여드는 多情佛心
천년 馬巖에 서리서리 어리고
아아 달 맞는 누각에 솔 그림자
斷崖에 한을 묻던 어느 임의 넋이런고

사공아, 임 실은 돛배는 어디로 가느냐
저문 이호나루에 시름이 깊어가니
학동에 비낀 아릿한 草香
陶工의 혼이 타는구나

서라 서라, 물오리야
여울의 흐느낌 가슴에 사무칠라
창파에 너울대는 파사성 물그림자
넉넉히 옛 물소리 들었으면
한바탕 비라도 내렸으면

봄—회상回想

1

엄마가 건넨 보따리에
찐 고구마 몇 개
섶에서 갓 꺼낸 계란
은은한 고향 담았다
가난한 포구의 아침
몰래 털어내던 촌티
고깃배 깃발만 요란하고
기찻길엔 아지랑이 아롱대던
어느 봄날

2

철마는 울었다
이탈할 수 없는 운명에
밤새 가슴 찢어
낡은 아버지의 그물에는
바람이 가득 실리고
동생의 철없는 눈동자
엄마의 하얀 미소가
무겁던 날

3

달빛에 어린 눈물은
아마 엄마의 미소였지
어젯밤 흐린 등잔불은
사립문 밖 개 짖는 소리였지
등잔불이 가만히 흔들렸지

4

무거운 봄
아무렴 꿈이야 무겁지
부모께 효도하고 동생 학비 대고
어서어서 판검사 되어라
돈 벌어 논배미 갈고
낡은 배에 새 그물 치고
산 너머에 살림 차려
엄마 아빠보다 재미지게
아무렴 재미지게 살아야지

5

굴뚝 연기에 타 버린 꿈

재봉틀에 쓰러지던 손가락
다방에서 마시던 싱거운 커피
시루 버스에 실려 가던 열여섯은
달마중하며 오르는 언덕에서
숨이 넘어가고 멀기만 하다
꿈이야 달려 보는 고향길
그새 밝아오는 아침

6

봄을 바라본다
색 바랜 보자기에 날개 돋아
고향을 날고 있다
싱거운 하늘을 날고 있다
문득 엄마 냄새가 났다

□ 해설

삶의 원형적 가치와 서정 세계

— 김홍표 시집 『뒤란에 서다』를 읽고

이 장 희(시인)

김홍표 시인이 2005년 10월에 펴낸 첫 시집 『나는 바람이 될 거야』에 이어 두 번째 시집인 『뒤란에 서다』를 상재하게 되었다. 사람은 누구나 일상생활에서 어떤 일에 강하게 감동하게 된다. 이 생활에서의 감동이 바로 시적 감동이라고 할 수 있다. 그런 의미에서 '인간은 시인으로서 이 세상을 산다'라고 한 휠더린의 말이 떠오른다.

모든 사람은 한 번쯤은 시인이 된다고 한다. 우리가 시인이 되지 못했음은 사라져 가는 것을 잡지 못했기에 가버리고 만 때문이다. 현실의 변동을 직감하면서 겸허하게 사물을 보고 그 사물의 핵심에 접근할 줄 알면 시는 확연해질 것으로 본다. 그러므로 시란 어떤 특수한 부류의 사람들이 쓰고 즐기는 것이 아니라 모든 사람의 삶과 마음 가운데 있으며, 우리의 마음을 따스하게 해 주고 사물과 세계를 새롭게 보는 창을 열어주는 것임을 깨닫게 해 주고 있는 것이다.

그러므로 시는 우리에게 기쁨과 즐거움을 주는 것을 여러 가지 효용 가운데 먼저 꼽을 수 있다. 이때 그 시의 기쁨과 즐거움을 이룩하고 있는 것은, 우선 시의 주제가 얼마나 절실한가 하는 점과 그 절실한 주제의 표현이 얼마나 기교적이고 예리하고 세련돼 있는가 하는 점을 들 수 있는 것이다.

이러한 점으로 미루어 볼 때 김홍표 시인의 언어에서는 사회 부조리의 보편적 불신의 저항성보다 자연친화적 아름다운 서정의 세계를 찾아볼 수 있다. 시집에 수록된 69편의 시들은 시적 미학의 완성도라는 면에서 볼 때 리듬 위주의 시, 형식 룰에 의한 시라기보다는 작품의 의미와 가치에 의한 것이며, 대다수의 작품들에 처연한 서정과 그리움의 세계, 그리고 사랑과 추억에 바탕한 아름답고 고운 시심이 배어 있다.

이런 관점에서 김 시인의 시는 우선 괴롭지 않게 읽힌다는 특징을 지니고 있다. 괴롭지 않게 읽힌다는 것이 시적 주제가 단순하다는 뜻은 아니다. 시적 정서의 균형 감각이 살아 있고, 그만큼 일상의 경험이 언어 속에 잘 농축되어 있다는 말이다. 이것은 시 형식과 시 정신의 조화와 통합에서 오는 것이라고 할 수 있다. 김홍표 시인의 시가 괴롭지 않게 읽히면서도 정서적으로 공감을 불러일으키는 것은 일상의 언어를 정감 있게 다루는 시인의 이 같은 시법의 자기 완성에 기인한 것이라고 할 수 있다. 그럼 그의 작품의 편린들을 간략하게 살펴보기로 한다.

시냇물 맑아
산 마음
빛소리 밝아
봄 햇살
묵은 머리
시린 발
차고 맑은
물에 담가
바람은
꽃 웃고
고개를 넘는다
옛 가지에
새순 올라
몸은 잊었네
꽃잎 떨어진
자리에
꿈아 열려라

—「봄봄」 전문

맑은 시냇물이 흐르고 나른한 봄 햇살이 조는 풍경 속으로 바람은 꽃을 다독이며 고개를 넘고, 낙엽 진 가지에는 새순이 움트고 꽃잎이 떨어진 자리에 봄의 꿈이 열리고 있는 한낮. 이러한 현상은 봄의 존재를 암시하고 모든 것들이 살아 있음을 상징하는 생동감을 뜻하게 된다.

봄은 겨울의 언덕을 숨가쁘게 달려온 생물들이 새로운 호흡을 준비하는 반면에, 삶의 구체적인 뜻을 펴보이는 의지의 발동이 마련되는 때이다. 이는 정적(靜的)인 외면에서 안으로는 가열한 다툼의 장이 설정된 것과 같다는 것을 암시한다.

시가 언어의 이면을 다스리는 데서 의미의 확대현상을 재촉한다면, 김 시인의 시에서는 맑은 시냇물과 바람과 새순과 꽃의 결합에서 봄의 이미지가 나타나고 봄의 고요하고 편안함이 두드러지게 부각되고 있다.

세상에서 어머니는 인간의 의식이 가장 포근하게 머무는 곳이며 숨결을 물려받은 인간의 원초적인 공간이다. 흔히 어머니의 체온을 받고 자란 인간은 어머니에 더욱 애착과 정을 느낀다. 이는 모든 동물에게 한결같아, 여성적인 곳으로 머리를 향하는 것이 공통적 속성으로 보인다. 어머니는 부드러움에서 강함을 내장하고 있으며, 사랑으로 자식들의 길을 열어 준다.

김홍표 시인은 자식으로서 어머니에 대한 효심을 잊지 않고 있다. 자식을 키우신 어머니의 사랑은 자식들이 사회생활을 무리 없이 완수할 수 있는 근원의 힘이 된다. 즉 어머니의 가르침과 사랑은 자식들의 생활에 더없는 원동력이 되어 그 나름의 위치를 확보할 수 있게 하는 힘이 되고 있는 것이다.

잠든 오솔길
별은 내리고, 어머니

하늘에 호롱불 걸어두고서
무슨 기도를 드리셨나요

북풍에 옷섶 여며
버선 걸음 걸으실 제
낡은 치맛자락이
밟혔습니다

작은 가슴에
무에 그리도 한이 많아
붉은 행주치마
입으셨나요

달 지거든, 어머니
지아비의 사랑 잊고
샘물 길러 가자구요
—「어머니」 전문

이 작품은 단순한 의례적 기도가 아니고 원시적 종교의 깊은 신앙심으로 승화된 인간 가족의 기원이 담긴 긍정적인 어머니의 기도인 것이다.

여기서 우리는 그의 질박한 어머니에 대한 노동의 노래를 들어볼 수 있다.

녹음이 숲에서 검둥
논밭은 쨍쨍한 파도 위에 첨벙
굽은 등마다 너무 따가워
담뱃잎 따는 우리 엄마

땀띠 돋았네

하늘에선 불이 훨훨
늘어진 젖가슴을 다 태우고
밭이랑 어디메쯤 엄마 얼굴
까맣게 숯물 들었네

거북손 매듭마다 쌓인 흙냄새
이제는 못 쓰게 된 호미질
엄마의 팔월

—「엄마의 팔월」 전문

첫 연의 '논밭은 쨍쨍한 파도 위에 첨벙/ 굽은 등마다 너무 따가워/ 담뱃잎 따는 우리 엄마/ 땀띠 돋았네//' 하고 땀띠가 돋을 만큼 여름 불볕더위 속에서 담뱃잎 따는 어머니의 탄 얼굴, 거북손 매듭마다 쌓인 흙냄새와 못 쓰게 된 호미질을 통해 나이 든 어머니를 기리는 뜨거운 가슴에서 어머니를 향한 끝없는 경외와 효성을 읽을 수 있고, 거기에 깃든 사상과 시 정신에서 어머니의 팔월은 그의 깊은 사모의 정감이 감동적으로 다가오고 있다.

고향이란 조상들이 터 잡아 대대로 누려 산 고장, 무엇보다도 자기가 태어나서 자란 곳이다. 고향 의식은 우리의 전통적 질서의식이고, 전통 감정의 발상 근거가 되어주는 것만은 확실하다.

사람은 누구나 어렸을 때 고향의 품에 안겨 고향의 자연을 바라보면서 인생을 배우고 사랑과 평화, 희망과 용기를 가르침 받는 것이다. 감사의 기도와 빛을 배우기도 한 곳이다. 사랑의 노래, 평화의 노래, 지혜의 노래도 고향의 자연 속에 있는 것이다. 사람들은 그 노래를 들으면서, 그 빛을 받으면서, 그 향기를 맡으면서 잔뼈가 굵어졌고, 아름다운 성격이 형성된 것이다.

사실 고향에는 창조의 숨소리가 들어 있는 곳이며 또한 거기는 창조된 생명체가 시공을 한데 묶어서 새로운 변용을 이룩하는 장소요 휴식처라고 할 수 있다. 거기는 인간의 영원한 꿈이 있고 아름다운 정서의 결정체로서 인생의 어린 시절을 기름지게 해 주는 향수가 숨어 있는 곳이기도 하다. 그래서 많은 시인들이 고향을 소재로 한 시를 쓰는 것도 주로 인간의 원형을 찾아 나서는 마음을 의미하기에 김홍표 시인의 시에서도 상당한 이미지들이 고향의 그리움을 담고 있는 것을 볼 수 있다. 그 가운데의 하나가 「그 해 여름밤」이다.

반딧불 하나 둘 셋
별이 되려고 사락사락
살찌는 들녘에서 피어나면
철둑길 따라 흐르는 봇물에
개구리 한바탕 울어댔지
코끝에 실리는 오이꽃 향
머리 푼 연기만 너울너울

담 밑에 함박꽃 함박웃음
박꽃은 달빛에 수줍은데

덕석에 누운 누나의 꿈은
오붓한 가슴에 소록소록
무섭던 아버지도 정다웠지

엄마의 몸에선 흙냄새가
뒤뜰에 돋아나는 감꽃 향기
단 수수 잎사귀 사각사각
힘없이 부채마저 잠이 들면
시름시름 여위는 모깃불
어머니 무릎에 잠든 동생은
봇물에 첨벙첨벙 뛰어드나 봐

처녀들 노랫소리 잦아들면
달은 새벽으로 기울어
풀벌레 찌르르르 코 고는 소리
뱃속에선 쪼르르르 시냇물 소리
아버지 엄마는 단잠이나 드셨을까?
긴 긴 여름밤 쓰르르르
아득한 가슴에 사무쳐라

—「그 해 여름밤」 전문

반딧불, 개구리 소리, 함박꽃, 오이꽃 향, 달빛에 수줍은 박꽃, 무섭던 아버지의 정다운 목소리, 엄마의 흙냄새, 감꽃 향기, 사각사각 수수잎사귀 소리, 어머니 무릎에 잠든 동생, 시름시름 여위는 모깃불, 찌르르르 풀벌레들의 합창소리…… 등 여름밤의 추억 속에는 특히 시인의 소년 시절에 겪은 강한 향수의식이 담겨 있다. 향수의식은

농촌적 삶의 추억이 토대가 되고 있다. 그 추억을 김홍표 시인은 내내 잊지 못하고 병처럼 앓고 있다.

과거에 대한 회상은 누구에게나 아름답고 그리운 것이다. 특히 인상 깊었던 과거의 체험은 세월이 흘러가고 한동안 망각상태를 계속하다가도 문득 떠오르곤 한다.

1
엄마가 건넨 보따리에
찐 고구마 몇 개
섶에서 갓 꺼낸 계란
은은한 고향 담았다
가난한 포구의 아침
몰래 털어내던 촌티
고깃배 깃발만 요란하고
기찻길엔 아지랑이 아롱대던
어느 봄날

…… 중략 ……

6
봄을 바라본다
색 바랜 보자기에 날개 돋아
고향을 날고 있다
싱거운 하늘을 날고 있다
문득 엄마 냄새가 났다

—「봄—회상」 부분

고향은 누구에게나 유소년의 추억과 그리움으로 가슴

에 새겨져 있다. 따라서 고향을 생각하면 유소년의 그리움이 아련히 솟아오르고 그리움에 사무치는 순간 고향의 자연이 밀물처럼 달려와서 온몸에 젖어든다. 이러한 정신 현상은 고향을 떠나 멀리 떨어진 타향에 있는 사람일수록 그리움의 폭이 크다고 볼 수 있다.

자연의 아름다움이 전개되는 고향, 그리고 병풍 같은 아름다운 고향이라는 마음의 충전 장치를 통해서 천진무구한 세계에 몰입할 때 더욱 더 향수에 젖게 한다.

「봄–회상」에서는 향수 어린 주제를 잘 부각시켰다. 압축력과 구상력에 관한 노력이 다소 필요하기는 하나, 시어를 다루는 솜씨와 형상의 감각밀도가 짙게 보이는 작품이다.

가을은 흔히 애수의 아쉬움과 이별의 아픔을 알리는 계절이라고 한다. 찬 이슬, 높고 푸른 하늘, 낙엽들은 우리들 영혼을 살찌우게 하는 시심으로 꼽혀 왔다. 한 잎의 낙엽이 지면 마음의 문이 안으로 열려 우리는 잊었던 자신을 발견하는 슬기를 되찾게 되고, 또한 많은 것을 생각하게 되고 느끼게 한다. 가을 하늘을 쳐다보는 사람들은 제 생각 끝에서 자기를 만나게 되고 드디어 혼자임을 깨달으면서 모든 것이 유정(有情)해진다. 이것이 글을 쓰는 사람의 서정적 시심이라고 할 수 있다.

가을은 아름다움으로 시작해서 그리움으로 남는다는 말이 있다. 사물의 형상이 아득히 멀어지는 안타까움이 남고 또 기억의 아슬함이 손짓으로 멀어지는 때가 가을의 정취다. 품위 있는 계절이면서 따스함이 그리워지는 때가 된다. 아울러 준비를 위한 시간이 촉박함을 알리는 바람이 달려오는 때이기도 하다.

티끌 하나 담지 않은
저 지독한 청결
도도한 허공
어쩌란 말인가

뉘우침은
붉게 타는데
雲雨마저 버리는
저 無慾의 만용

설움은
단풍드는데 어쩌자고
너는 높아가는가

— 「가을 하늘」 전문

길은 아득한데
冬天에 나부끼는 깃발

임일까? 바라보면
갈잎 상처들의 몸부림뿐

— 「행여나」 부분

갈바람의 은근한 유혹쯤이야
霜露에 야위는 몸쯤이야

달빛은 시드는데
밤을 쥐어뜯는 당신은
가을의 情人인가

—「해바라기」 부분

가을비는
메마른 가슴에
그리운 이름을 쓴다

헤어진 시간만큼
깊어진 멍울
가을이 쓰러진다

—「가을비」 부분

베틀을 거세요
한 올 한 올 세월을 엮어
만산홍엽 자리에 누우면
죽어도 행복입니다
그러다 가을이 깊으면
숲속으로 가세요
빈 둥지에 쌓이는 이별
홀로 우는 숲에 서면
그때서야
가을이 깊어가지요

—「가을이 깊으면」 부분

모두가 가을의 추구와 상통하는 이미지들과 어울리는 통로를 형성하고 있다. 그래서 김홍표 시인의 시에서는 가을은 관조자의 위치를 견지하면서 바라보는 혹은 느끼는 기법으로 다가온다. 이는 객관적인 거리를 확보하고 난 뒤에 느낌을 솟아나게 하는 방도의 하나이다. 가을이라는 단어는 인간에게 한결같이 아늑한 느낌을 주는 이유가 포근하게 감싸는 이미지와 상관이 있다.

작품의 소재들이 흔한 것이지만 그만큼 진실감을 주며, 주제들의 설정과 그것을 형상화하는 수법에 있어 상당한 시 정신의 밀도와 기교의 세련도를 보여 주고 있다. 그렇다고 시상이 새롭거나 실험적 의도가 보이는 작품은 아니다. 그러나 사상과 정서가 알맞게 섞이어 잘 반죽되어 있고, 언어를 매만지는 솜씨도 퍽 세련되어 있어 시를 쓰는 기초석 역량이 확립되어 있고 그러한 역량이 확립되기까지의 노력의 자취가 뚜렷이 나타나 보인다.

사랑에 대한 고전적인 명저의 하나로 알려져 있는 프랑스 학자 E・프롬은 <사랑의 기술>에서 사랑은 일시적인 충동이나 감정의 격렬한 끓어 넘침과 같은 정서적 반응이 아니라, 흔히 사람들은 상대방에 대한 이러한 감정을 열렬한 사랑으로 착각하기 쉽지만 이것은 일종의 감상(感傷)에 불과하다고 하였다. 아무런 이해관계를 갖지 않는 이때의 그리움이란 얼마나 순결하고 아름다운가. 이런 사랑을 가진 '정신'에서는 세상사 모든 일이 편안하고 영원하게 비칠 것이다.

사랑과 마찬가지로 삶은 격렬한 일회성보다는 변함없는 항구성, 포용성이 더 값진 것이라 할 수 있다. 이렇게 생각할 때 위의 시편 속에 담긴 은은한 정감이 가슴에 와 닿는 것은, 사랑은 모든 불협화음으로부터 멀어진 것을 가깝게 하기 때문이다.

김홍표 시인은 삶의 희망을 노래하는 사람이다. 삶이 벼랑에 내몰렸다 할지라도 희망을 노래해야 한다. 희망은 절망의 다음에 오는 빛이다. 그래서 김 시인은 「이제는 만나자」에서 그리운 것이 아니라 '그리워 더욱 그리운 사람아'라고 했다. 이 말은 멋진 사랑을 만나기 위한 강한 의지로 보인다. 「2월에는」에서도 사랑의 그리움이 아득하게 깃들어 있다.

> 죽어서 이 강토 흙이 되고
> 강산에 진달래로 피어
> 다투어 유채꽃이 되어
> 오늘이야 옛이야기로 듣는다면
> 그리워 더욱 그리운 사람아
>
> — 「이제는 만나자」 부분

> 그렇게 더디 오시나
> 雪花水에 어리는
> 설레는 가슴 나 몰라
> 달빛 홀로 기우니
> 설워 우는 2월이다
>
> — 「2월에는」 부분

사랑은 남김없이 아낌없이 주는 것이다. 우리는 주는 것을 배워야 한다. 받기만 하고 주지 않으면 이기주의자가 되어 고독하고 친구가 없다. 주지 않고 받지 않아 개인주의로 흘러 고독하다. 바람직하지 못한 것이다. 받지 않고 자꾸 주는 것은 참으로 아름다운 것이다. 사랑은 인생의 태양이다. 그 속에는 밝고 따뜻하고 뜨겁고 힘참이 있는 것이다.

딸아,
봄날의 불안에
설익은 꿈들은
쉴 새 없이
소란하고

가끔은
산을 오르다 걸터앉은
어느 오두막집 마루에서
가만히 한숨 나더라도

가라 흐르는 강물처럼
오늘 걷는 방황과
어제 흘리던 눈물은 다만
너의 내일의 꿈이다

—「딸에게 (2)」 전문

너에게 생명의 축복이

내겐 사랑만 안겨 다오
하얗게 부서지는
햇살의 웃음처럼

—「딸에게 (1)」 부분

시월의 달빛
길어다가
누나 물항아리
배불리 먹이던
작은 샘

—「작은 샘」 부분

시집살이 삼 년에
우는 누이
서럽게도 밤새
토해내더라

무너지는 억장
한바탕 참고 참은
꿈이었을까
한숨이었을까

언뜻
어설픈 웃음 뒤로
미치도록 그리움
지우며 가더라

—「소낙비」 전문

위의 작품들은 딸에 대한 간절한 사랑과 소망, 그리고

누나와 누이에 대한 깊은 관심과 지극한 사랑이 담겨져 있다. 작품이 전반적으로 느슨한 느낌이 들지만 후반부에서 연민의 정을 느끼게 하는 탄력을 가미한 표현이 돋보이는 것은 누나와 누이에 비치는 사랑의 심정을 노래한 섬세한 묘사가 직설적인 여운으로 살아나고 있기 때문이다.

이 작품을 통해 느끼게 되는 것은 형제 자매간의 관계를 마음의 거울을 통하여 자신에게 투영시키고 강한 우애를 피워낸 애절한 마음이 잘 담겨 있다는 것과 남매 사이의 사랑으로 이루는 구원의 모습이다. 또한 의미의 갈등 속에 놓여 있는 우리들의 삶 속에서 가족 간의 진정한 의미의 사랑은 무엇이어야 하는지에 대한 탐구로도 나아가게 한다. 김홍표 시인은 이러한 사랑의 실천을 가능하게 하는 강렬한 힘을 아름다운 추억에서 찾고 거기에서 자위하고 있다.

이 밖에도 다음 몇 편의 시는 평범한 소재 같으면서도 음미해 보면 볼수록 마음이 이끌리는 작품들이다.

> '노을이 내리면/ 창에는 샛별을 달고/ 달빛 자리를 깔게 // 깊은 고요함으로/ 너를 꿈꾸고 싶어'
>
> —「오늘 그리고 내일」 부분

> '내 사랑이여/ 봄의 나른한 행복/ 한여름의 뜨거운 입맞춤/ 가을을 애무하는 산들바람아/ 그대 없는 난/ 겨울의 허수아비다'
>
> —「나의 연인」 부분

'당신 몰래/ 피어나/ 부르지 않으셔도/ 다가갈게요// 고요한/ 순록의 눈에/ 달빛 잠기면/ 창문을/ 열어놓을게요'

— 「내 사랑은」 부분

'살다가 어느 날/ 가슴이 뻐근하거든, 오라/ 한 점 쉼표 같은 섬으로'

— 「섬[島]」 부분

'사랑은/ 미친 자들의 행복'

— 「사랑」 부분

내면 탐구에서 그 순도와 사실성의 깊이에 있어 특히 눈에 띄는 것은 담담한 내면 형상 가운데 시인의 주관적인 사랑과 삶의 진실이 매장되어 있다는 점이다. 이는 맑은 서정의 힘을 시로 구성해 놓은 효험인 것이다. 남달리 섬세한 정감이 끝까지 평범한 긴장을 잃지 않으면서 시상을 탁월한 감각의 눈으로 형상화하고 있다.

지금까지 김홍표 시인의 『뒤란에 서다』에서 손길이 닿는 대로 몇 편의 작품을 뽑아 나름대로 언급해 보았다. 그의 시의 특징 중의 하나는 모든 작품이 꾸밈없이 순수하다는 점이다.

겨우 몇 편의 시를 읽고 김 시인의 시세계를 말한다는 것은 경솔하고 조심스러운 행위가 아닐 수 없다. 아무튼 김홍표 시인은 맑고 깊은 영혼으로 섬세하고도 관조적인 명상의 깊이를 통해 자연과 가족 간의 사랑이라는 의식을 일깨워 주는 숨소리 같은 것을 담아 내고 있다.

이렇게 볼 때 김홍표 시인의 시가 시적 내면에서 뜨거운 눈물과 가슴이 타는 지성적인 감성을 통합한 의지의 성향은 다소 취약하다 할지라도, 그가 살아오면서 고향과 가족과 대한 그리움을 작품화한 순수하고 담백한 그의 작품세계에서 감성이 고갈되고 정서가 허기에 차 있는 가난하고 어두운 우리들 현실의 갈증과 파열된 감성을 조절하는 데 더없이 심도 있는 역할로 보장받을 수 있으리라고 믿으며, 맑고 깊은 영혼으로 빛나는 순수 서정시의 세계는 오늘을 살아가는 현대인에게 삶의 본질과 가치를 추구하는 데 큰 의미가 부여되리라고 본다.